Piano Music of
ROBERT SCHUMANN

Piano Music of
ROBERT SCHUMANN

———————————————•———————————————

EDITED BY CLARA SCHUMANN

Series II

DOVER PUBLICATIONS, INC.

NEW YORK

Published in Canada by General Publishing Company, Ltd., 30 Lesmill Road, Don Mills, Toronto,
Ontario.
Published in the United Kingdom by Constable
and Company, Ltd., 10 Orange Street, London WC 2.

Piano Music of Robert Schumann, Series II, first
published in 1972, is a new selection from *Robert
Schumann's Werke, Serie VII, für Pianoforte zu zwei
Händen,* as published by Breitkopf & Härtel in
Leipzig between 1879 and 1887.
The publisher is grateful to the Sibley Music
Library of the Eastman School of Music, Rochester,
N. Y., for making its material available for repro-
duction.

International Standard Book Number: 0-486-21461-3
Library of Congress Catalog Card Number: 72-85454

Manufactured in the United States of America
Dover Publications, Inc.
180 Varick Street
New York, N. Y. 10014

Contents

HUMORESKE
für das Pianoforte
von
ROBERT SCHUMANN.
Op. 20.
Frau Julie von Webenau geb. Baroni-Cavalcabò gewidmet.

Einfach. M.M. ♩ = 80.

Componirt 1839.

Ausgegeben 1887.

Hastig. ♩ = 126.

Wie ausser Tempo.

pp Im Tempo.

Nach und nach schneller.

Mit einigem Pomp. ♩ = 92.

Zum Beschluss.

NOVELLETTEN
für das Pianoforte
von
ROBERT SCHUMANN.
Op. 21.
Adolph Henselt gewidmet.

Markirt und kräftig. (♩ = 108.)

No. 1.

TRIO.

No. 2.

Äusserst rasch und mit Bravour. (♩ = 92.)

INTERMEZZO.
Etwas langsamer, durchaus zart. ($\quad$= 104.)

INTERMEZZO.
Rasch und wild. (♩.=138.)

Rauschend und festlich. (♩=116.)

Nᵒ 5.

Etwas langsamer.

Etwas langsamer.

Sehr lebhaft.

No. 6.

Sehr lebhaft, mit vielem Humor. ($\textit{d}$ = 72.*)

*) Das Tempo wird im Verlauf des Stückes immer schneller.

Äusserst rasch. ♩. = 116.

N° 7.

TRIO I.
Noch lebhafter. (♩ = 144.)

TRIO II.
Hell und lustig. ($\quad$ = 132.)

Stimme aus der Ferne.

Einfach und gesangvoll. (♩ = 96.)   Fortsetzung.

Adagio.

Tempo wie im vorigen Stück.

ritard.   *ritard.*   *ritard.*

Adagio.

Fortsetzung und Schluss.
Munter, nicht zu rasch. (♩ = 120.)

*) Das Tempo wird im Verlauf des Stückes immer lebhafter.

R. S.

ZWEITE SONATE

für das Pianoforte
von
ROBERT SCHUMANN.
Op. 22.

Frau Henriette Voigt geb. Kunze gewidmet.

Componirt 1835 (begonnen 1833) der letzte Satz Ende 1838.

So rasch wie möglich. M.M. ♩ = 144.

Pedal.

Noch schneller.

SCHERZO.
Sehr rasch und markirt. M.M. ♩ = 138.

86 *Sonate No. 2*

92   *Sonate No. 2*

Prestissimo.
Quasi Cadenza.

NACHTSTÜCKE
für das Pianoforte
von
ROBERT SCHUMANN.
Op. 23.
F. A. Becker gewidmet.

Componirt 1839.

1.

Mehr langsam, oft zurückhaltend. M.M. ♩ = 100.

Ausgegeben 1887.

Markirt und lebhaft.

2.

Noch lebhafter.

Faschingsschwank aus Wien.

Phantasiebilder für das Pianoforte

von

ROBERT SCHUMANN.

Op. 26.

Simonin von Sire in Dinant gewidmet.

I. Allegro.

Componirt 1839.

Höchst lebhaft.

II. Romanze.

Ziemlich langsam. M. M. ♪ = 92.

III. Scherzino.

IV. Intermezzo.

Mit grösster Energie. M. M. ♩ = 116.

V. Finale.

Höchst lebhaft. ♩= 138.

43 CLAVIERSTÜCKE
für die Jugend
von
ROBERT SCHUMANN.
Op. 68.

Melodie.

Componirt 1848.

Munter und straff.

Soldatenmarsch.

Trällerliedchen.

Nicht schnell.

Ein Choral.

Freue dich, o meine Seele.

Stückchen.

Nicht schnell.

Armes Waisenkind.

Jägerliedchen.

Wilder Reiter.

Volksliedchen.

Im klagenden Ton.

Lustig.

Wie im Anfang.

Fröhlicher Landmann.
von der Arbeit zurückkehrend.

Sicilianisch.

Schluss.

Vom Anfang ohne Wieder-
holung bis zum Schluss.

Knecht Ruprecht.

Mai, lieber Mai,—
Bald bist du wieder da!

Nicht schnell.

Kleine Studie.

Leise und sehr egal zu spielen.

Frühlingsgesang.

Innig zu spielen. M. M. ♩. = 56.

Verschiebung

Erster Verlust.

Nicht schnell.

Etwas langsamer.

Etwas langsamer. Im Tempo.

Kleiner Morgenwanderer.

Frisch und kräftig.

Schnitterliedchen.

Nicht sehr schnell.

Kleine Romanze.

Nicht schnell. M.M. ♩ = 130.

Ländliches Lied.

Im mässigen Tempo.

Rundgesang.

Mässig. Sehr gebunden zu spielen. M.M. ♩. = 72.

Langsamer.　　　　Im Tempo.

Reiterstück.

Ernteliedchen.

Mit fröhlichem Ausdruck.

Langsamer. Im Tempo.

Nachklänge aus dem Theater.

Etwas agitirt.

Canonisches Liedchen.

Nicht schnell und mit innigem Ausdruck.

Erinnerung.
(4. November 1847.)
Nicht schnell und sehr gesangvoll zu spielen.

Fremder Mann.

Stark und kräftig zu spielen. M.M. ♩ = 144.

Coda.

Kriegslied.

Sheherazade.

Ziemlich langsam, leise.

Thema.
Langsam. Mit inniger Empfindung. M.M. ♩= 84.

Etwas langsamer. Im Tempo.

Nach und nach langsamer.

Mignon.

Lied italienischer Marinari.

Matrosenlied.

Winterzeit.

I.

Ziemlich langsam.

Winterszeit.

II.

Langsam.

Kleine Fuge.

Vorspiel.

Nordisches Lied.

(Gruss an G.)

Im Volkston.

Figurirter Choral.

Sylvesterlied.

Im mässigen Tempo.

VIER FUGEN
für das Pianoforte
von
ROBERT SCHUMANN.
Op. 72.
Carl Reinecke gewidmet.

1.

Componirt 1845.

2.

Sehr lebhaft. ♩ = 96.

3.

Nicht schnell und sehr ausdrucksvoll. ♩. = 58.

4.

Im mässigen Tempo. ♩ = 104.

Etwas belebter.

WALDSCENEN.

Neun Klavierstücke
von
ROBERT SCHUMANN.
Op. 82.

Fräulein Annette Preusser gewidmet.

Schumann's Werke.

Serie 7. No. 32.

Eintritt.

Componirt 1848 und 1849.

Ausgegeben 1887.

Jäger auf der Lauer.

Höchst lebhaft. ♩ = 76.

2.

Einsame Blumen.

Verrufene Stelle.

Die Blumen, so hoch sie wachsen,
Sind blass hier, wie der Tod;
Nur eine in der Mitte
Steht da im dunkeln Roth.

Die hat es nicht von der Sonne:
Nie traf sie deren Gluth;
Sie hat es von der Erde,
Und die trank Menschenblut.

F. Hebbel.

Freundliche Landschaft.

Etwas langsamer.　　　Im Tempo.

Herberge.

Vogel als Prophet.

Jagdlied.

Rasch. kräftig. ♩. = 120.

8.

Abschied.

Nicht schnell. ♩ = 80.

9.

Immer schwächer.

BUNTE BLÄTTER

14 Stücke für das Pianoforte
von
ROBERT SCHUMANN.
Op. 99.
Fräulein Mary Potts zugeeignet.

DREI STÜCKLEIN.
I.

Componirt 1839.

Nicht schnell, mit Innigkeit.

Mit Pedal.

Original-Verleger: Ad. Fürstner in Berlin.

Ausgegeben 1885.

II.

III.

Frisch.

ALBUMBLÄTTER.

I.

Ziemlich langsam.

Componirt 1841.

II.

Componirt 1838.

III.

Ziemlich langsam.

Componirt 1836.

Mit Pedal.

IV.

Sehr langsam.

Componirt 1838.

V.

Langsam.

NOVELLETE.

Componirt 1838.

PRÄLUDIUM.

Componirt 1839.

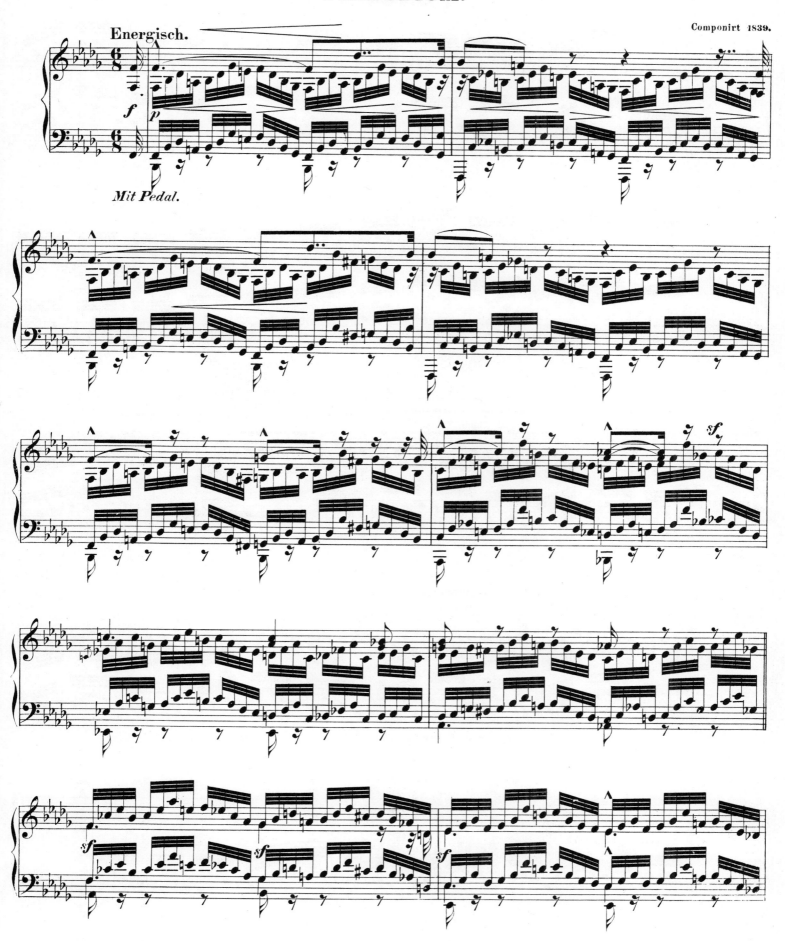

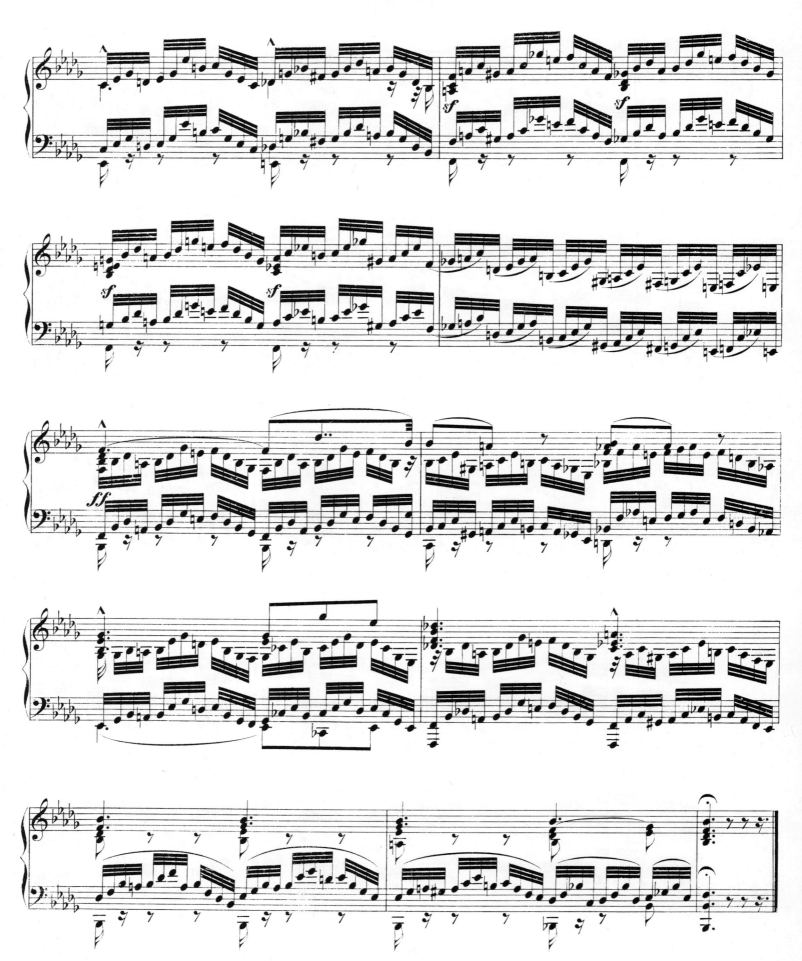

MARSCH.

Componirt 1843.

Sehr getragen.

ABENDMUSIK.

Im Menuetttempo.

Componirt 1841.

SCHERZO.

Componirt 1841.

GESCHWINDMARSCH.

Sehr markirt.

Componirt 1849.

DREI CLAVIER-SONATEN
für die Jugend
von
ROBERT SCHUMANN.

№ 1. KINDER-SONATE
Julien zur Erinnerung.
Op. 118ª

Ausgegeben 1887.

THEMA MIT VARIATIONEN.

Ziemlich langsam. ♩ = 68.

PUPPENWIEGENLIED.

zurückhaltend **Im Takt.**

RONDOLETTO.

N° 2. SONATE.
Elisen zum Andenken.
Op. 118ᵇ

CANON.

Coda

ABENDLIED.

KINDERGESELLSCHAFT.

Nº 3. SONATE.

Marien gewidmet.

Op. 118ᶜ

Allegro. ♩ = 88.

Im Marschtempo.

ANDANTE.

Ausdrucksvoll. ♪= 132.

2.

ZIGEUNERTANZ.

Schnell. ♩ = 80.

TRAUM EINES KINDES.